www.tredition.de

AF204001

Ahava Ceren

Aus Gedanken werden Worte und dann Leben

www.tredition.de

© 2016 Ahava Ceren

Verlag: tredition GmbH, Hamburg

ISBN
Paperback: 978-3-7345-6395-9
Hardcover: 978-3-7345-6396-6
e-Book: 978-3-7345-6397-3

Printed in Germany

Gedanken eines einzigen,
melancholisch,
bitter-süssen
Wochenendes,
über fast ein ganzes Leben...

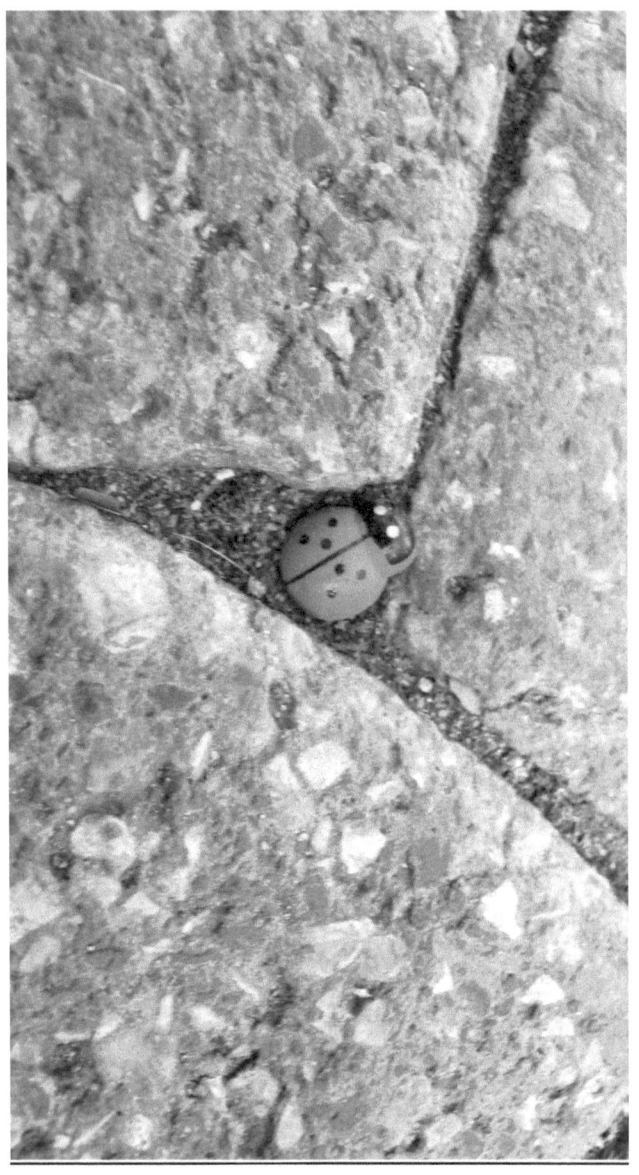

Für Jeden ein Stück vom Kuchen

Wenn Eltern oder Elternteile versagen,
Drogen nehmen, schizoid oder sonst" fren" werden,
Borderliner, Alkoholiker oder anders verzagen,
Wenn da die aufmerksame Nachbarn nicht wären!

Werden Kinder, Jugendliche und ihre Eltern,
nach langem Hin und Her und viel Gezetter
von Platzierungsorganisationen, Beiständen, der KESP
den Gemeinden, genauer ins Visier genommen.

Ist der Obhutsentzug erst mal vollbracht
Hat s sich für Eltern vorerst ausgelacht.
Jetzt geht es los das Gerangel: Wohin? Durch wen?
Welche Gemeinde? was ist Kosten sparend?

Die KESP entschiedet, die Gemeinde zahlen.
 Klar dass Mühlen der Behörden langsam mahlen,
drum ist es gut, wenn jemand schnell entscheidet,
es geht immerhin um traumatisierte Kinder.

So kommen sie dann an, am fremden Ort
Total alleine... Heimweh... in einem fort.
Pflegefamilie ist nett, s gibt Regeln, die helfen,
sich neu zu orientieren, das Leben um zu-strukturieren.

Vom „Krieg" der ringsherum tobt, wissen sie nichts,
davor, werden sie jetzt VORLÄUFIG noch beschützt.
Die Gastfamilie nimmt ihre Aufgabe sehr ernst,
denen das: „Zum Wohle des Kindes" zuoberst steht.

da sind sie nun, integrieren sich in die Familie,
die alle nehmen sie auf, die Schule, das Dorf,
ist nicht immer einfach, sie sind manchmal komisch,
sind sich andere, meist krankmachende Muster gewohnt…

Was man kennt liebt man, das Fremde macht Angst,
auch wenn das, was man kannte, barer Horror war,
solche Kinder provozieren, sie testen die Grenzen
suchen Konfrontation, wollen ernst genommen werden.

Betreuer stellen sich diesem, oft agressiven Spiegeln,
trösten sie bei bösen Träumen auch in der Nacht,
Geben Ihnen täglich Halt und Strukturen,
kurbeln Resilienz, Kreativität, Selbstsicherheit an.

Und kaum haben sie sich aneinander gewöhnt,
auch gelernt nein zu sagen, Vertrauen gefasst,
kommen die systemisch Geschulten, Diplomierten,
die Chaos unverträglichen, die Fahnen im Wind…

flattern und schnattern vor allem zu ihren Gunsten,
getarnt im grossen Namen „zum Wohle des Kindes"
erwarten, dass Pflegeeltern schweigen, nicht Flagge zeigen
und distanziert bleiben…Das alles bei Dauer Präsenz-Zeiten!

Betreuer kennen diese Kinder nach den Eltern am besten,
Sie sind gebildet, haben auch hinter Bücher gesessen!
Sind Chaos erprobt, intuitiv, empathisch, auch gelassen,
Trotzdem fragt sie hier niemand, sie sind unterste Klasse.

Das alles kostet, es sollte schnellst möglichst,
Das Kind zurück zur Mutter, vorerst an Week-Enden
Auch wenn es ihm dann wieder schlechter geht:
Der Kontakt muss sein, sei s noch so kontraproduktiv.

Die Pflegeeltern sind nun bald nur noch die Sklaven,
es wird ihnen von allen Bedingungen auf ertragen,
auch die Kinder spielen das Intrigenspiel mit:
Sind loyal zu ihren Eltern, wer versteht das nicht?

Das Blatt hat gewendet, die Zeit ist gekommen,
nach der Revolution folgt nun die Machtübernahme,
durch die verzweifelte Kindsmutter, mit ihren Kindern:
Lebt hoch ihr Grenzgänger, der Erfolg ist euch sicher.

Kein Sozigott sagt: Stop und nimmt mal klar Stellung,
"Es sind Ferien, wir sind nicht da, schaut doch mal selber."
Dann steuern System- Diplomierte die Evaluationen
Sozpäds und Beistände, machen Berichte dann „stimmig".

Manchmal gibt s kleine, manchmal grössere Dramen…
Was ist besser: Zu schweigen oder hier was zu sagen?
Mitdenken? Achtung, nicht nötig, dazu sind „Profis" da!
 Na, wie stehts? Pflegeeltern sein? Dagegen sehr!

Eltern: Leben und Muster Weitergeber

Voller Hoffnung stellte ich ihr die Frage:
„Wie war es, mich unter dem Herzen zu tragen?
Zu wissen, dass ich bald zu euch kommen werde?"
Sie meint trocken: „ Musste mich erstmals übergeben."

Sie wollte Kinder, um sie zu erziehen,
keine sinnlosen, überflüssigen Sinnlichkeiten.
Darum verliess uns alle wohl bald mein Erzeuger,
vergnügte sich anders fröhlich weiter.

Mam war nicht traurig, brauchte ihn nicht,
so ging es nach 4 Jahren schon aufs Gericht,
sie konnten Freunde bleiben, oder auch nicht,
neue Frau neue Kinder. Es ging einfach weiter.

Mir fehlte er sehr, ich war seine Prinzessin,
er verliess uns! Ich fand das total beschissen,
ich wollte ihn nie mehr wiedersehen,
und wurde fast krank vor lauter Sehnen.

Dann sagte ich zu mir selber: So ist es besser
es reicht, wenn eine an mir rummeckert!
Weinte mal, an der Hochzeit einer Freundin,
als ich sah, wie sie ihrem Vater in den Armen lag.

Vater wo warst du, als wir uns alleine fühlten?
Mutter, wir enttäuschten dich, hattest oft nur Rügen…
Du wolltest durch uns dein Erziehungsstil leben,
unsere Träume, konnten wir so wohl schlecht realisieren…

Aus uns ist nichts geworden aus deiner Sicht,
was ich geworden, respektierst du bis heute nicht,
und mein Bruder das ehemalige IQ - Genie,
lebt alleine, kaputt, oder in der Psychiatrie…

alles wird schön unter den Teppich gewischt
ein Tabu: „Darüber spricht man nicht!"
Solidarität unter den Verdrängern und Gleichgesinnten,
leider gehören dazu auch schon meine Kinder.

So fällt der Apfel nicht weit vom Stamm,
Eva möchte reden, aber nicht so „Adam",
alte Muster vererben sich, werden weiter getragen,
lächerlich gemacht werden diejenigen, die hinter-fragen.

Meine Grossväter

Ihr Vor- Väter,
hab euch beide nicht
wirklich gekannt
nur von euch gehört.

Ihr habt mich
geprägt trotzdem

etwas jüdisches?
Etwas Sintezza?
Etwas der Goj?
Und ein wenig der Gadje?

Das bin ich. Multikulti,
Ich bin ein „Gemisch"

Für alle,
die jetzt die Nase rümpfen:
Ihr könnt mir
Gestohlen bleiben!

Die ihr nicht auf
das schaut…

was in den
Herzen ist!
gäbe es die Henker
noch… hätten sie sich,

nur für das, was ich alles
durch meine Vorfahren bin

mächtig „ins Zeug gelegt"…
Ich wünschte mir sehr
das Alles! Wird meinen Liebsten
erspart bleiben.

es gibt überall
bei euch allen

welche, für die
bin ich einfach
eine Schwester,
so fühle ich!

Ich nehme dankend
was ich bekomme

und gebe gern,
was ich habe.
Ich bin Gast, Weltbürger,
das ist, was ich bin.

Ohne dich:

kann ich   wertvoll sein
kann ich   stolz sein
kann ich   überleben
kann ich   existieren
kann ich   kreativ sein
kann ich   fröhlich sein
kann ich   schön sein
kann ich   begehrenswert sein
kann ich   erfolgreich sein
kann ich   glücklich sein
kann ich   gesund sein
kann ich   auf Reisen gehen
kann ich   mutig sein
kann ich   3 Kinder grossziehen
kann ich   Verantwortung tragen
kann ich   mich durchsetzen
kann ich   mal alleine sein
kann ich   alt werden
kann ich   sterben

ohne dich, so versteh ich heut,
kann ich sehr wohl, besser sogar
denn es gibt das Wörtchen NICHT,
in meinem Wortschatz nimmer mehr!

Der dressierte Mann

Du fährst abends heim, freust dich auf alle,
auf dem Nachhauseweg hörst du Musik
Nicht Rammstein, sondern das Relax Zeugs der Frau,
sparst Zeit, anstatt mit Kumpels Schnaps zu trinken,
um runterzukommen nach langen Arbeitstagen.
Du kehrst gleich zurück, das andere ist nicht dein Ding...
Wenn du zur Tür reinkommst, ist sie auch müde.

Bevor du noch Mantel oder Schuhe aus- und
eine Light-Zigarette rein gezogen hast,
liegen Pfannen und Tupperware auf dem Boden,
das ist das Werk deines kleinen Sohnes.
Nachtessen möchte sie heute nicht kochen,
Du isst eh lieber Fleisch, kannst du gleich selber machen,
um ihren Salat kümmre dich doch auch noch gleich.

Also fütterst du gleich nebenbei den Kleinen,
der ohne dich eh keinen Schritt mehr tut.
Nebst dem in der Pfanne das Nachessen brutzelt;
geht sie und raucht erst mal deine Zigarette,
dann will sie reden, über den Tag, die Nachbarin
die Wäsche, den Abfall, über euch und die Steuer...
du bist kaputt, willst nur Ruhe, dir wird's gleich zuviel.

Das war ein Fehler denn jetzt ist s gelaufen,
Zärtlichkeit und Sex, kannst du jetzt vergessen.
Es gibt ein Match oder Liebesfilm auf dem T V,
dreimal darfst du raten, was ihr dann schaut!
Morgens ist Samstag, du betreust den Kleinen!
geht ihr einkaufen, fährst du, und sie ist am jammern...
Tust es nie richtig. Naja: Du bist ja auch nicht sooooo wichtig.

Scheidigschinder, uf schwiizerdütsch

Euisi Eltere hend dauernd gstritte,
sind uf em gliche Seich umegritte,
hends nöd uf d Reihe übercho,
sind eifach nümme wiiters cho.

Hend schlecht gredet vonenand,
weder mit Hirn no mit Verstand,
i dere negative Spirale,
sinds ghocked wie innere Falle,

es isch jetzt fertig, euis Chinde langets!
Hey: dur eui, sind mir au da drii verhanget!

Höred jetzt uf mit dem Seich!
So chlopfet ihr doch niemert weich!
Haltet enand nid vo euis fern,
mir hend eui nämlich Beidi gern!

Mir wend das endlich nümme ghöre!
Halte doch endlich eui Röhre!
Mit sonige klare, au positive Gedanke,
Verwiesed mir eui jetzt i eui Schranke!

Das isch de positivi Rap,
Das Feeling nehmed ihr euis nid weg!

Egal wie ihr euch jetzt tüend einige,
tuend euis eifach nümm damit peinige...
Denn euiren Striit gaht euis nüt ah,
Mir hend eui immer glich lieb gha!

Positiv tüend mir, wie mir sind,
D Sorge gah lah, überlönd si em Wind,
 machets au; relaxet, take it easy!
S isch viel coooler so, easy peacy!

Mitenand, spilet für eui niemeh d Liebesgige.
Eusi Eltere... werdet ihr aber immer bliibe!

Ihr hend eui doch emal lieb gha,
s Bescht wo ihr gmacht hend, isch euis z becho!
Drum tüend eui doch inspiriere lah:
De „Respekt-ha" Virus isch am ummegah!!!

Euis gahts besser sit mir losglah hend
Jede Tag nur Guets, es nimmt keis End!
Ihr gsehnd doch au viel z friedener us,
eui Gschicht isch fertig, mached was Bessres druus!

Das isch de positivi Rap
Das isch de richtigi Weg!

Unterwerfung

Frisch verheiratet, Mann aus dem asiatischen Raum,
lernte seine Sprache (er kann unsere heut noch kaum)
ich nahm seinen Namen, praktizierte seine Religion,
damit er sich wie zuhause fühlt und mich respektiert.

Mutter solidarisiert sich gleich mit ihm:
„Das ist dein Mann, und du bist die Frau:
Bügelst und wäschst du seine Wäsche nicht?
Friede zuhause, ist vor allem in deinen Händen.

Wenn der Mann trotz täglichem Sex nicht redet,
bist du verantwortlich für euren Seelenfrieden,
du bist auch „schuld" weil er davon gegangen,
hättest du nur nicht zu diskutieren angefangen!"

Bin auch dann „schuld" wenn er stichelt und schlägt,
hab den Mund nicht gehalten hab ihn provoziert,
hab ihn überfordert, ihm zu viel aufgetragen,
machte mich selbst dumm, um ihm zu erhöhen...

Was ich auch gab, es war nie genug,
dank mir ist er heut ein gemachter Mann,
hat jetzt Papiere, andere Frau und tollen Beruf...
Braucht mich nicht mehr, hat bekommen was er wollte.

<u>Du bist wie du bist</u>

Du bist wie du bist und bist immer noch gleich,
du schienst fröhlich. Charmant ungezwungen,
Wie ein Kind. Nach dem 1. Mal Liebe machen
bist du rausgerannt, hast Fussball gespielt...

Ich schaute dir nach, durch die kleine Lucke,
ich sah dich so übermütig voller Energie,
das machte mich glücklich, irgendwie...
Es tat dir gut dass ich, dass jemand, mit dir ging...

Es war eigentlich egal wer es war,
Hauptsache es war überhaupt jemand da.
Du kannst nicht wirklich lieben,
du kannst nicht wirklich zuhören,

du kannst dich nicht wirklich einfühlen,
andere nicht wirklich ernst nehmen,
weil du als Kind alle verloren hattest,
welche dich sowas gelernt hätten.

Du hast dich niemals für etwas entschuldig.
Weil du dich nie einer Schuld bewusst warst.
Ja, das haben wir so abgemacht:
Glaube nicht an „Schuld und Sühne"! Bis heute.

Bei mir war es trotzdem tief drinnen,
mit jüdisch-christlichem Hintergrund,
wollte alles loslassen, und neu beginnen,
deine Sprache lernen, auf dich einzugehen...

Ja! Diese Verbindung hat mich bereichert,
Unter anderem habe ich Buddhismus
reingezogen, ein grosses Geschenk!
Durch dich! Weil Du bist wie du bist…

Du musstest nichts „reinziehen",
du hattest es im Blut. Das meintest du!
Denn bis heute bist du immer noch der:
„Schwarz –weiss" und „entweder oder" Denker.

Ich hielt mich eher an das: „sowohl als auch"
sich schön anpassen, es allen recht machend,
war ich dankbar, dass DU mich „genommen" hattest.
Damals… da war ich wohl noch sehr verunsichert!

Was soll s, wir waren verlorene Kinder,
die sich sicher und erwachsen gaben.
Wir wollten es besser machen als unsere Eltern.
Wir wollten 3 Kinder, sie niemals im Stich lassen.

Ich habe alle meine Versprechen gehalten,
war für alle da, auch in schweren Zeiten.
Du nicht. Du konntest nicht anders, als zynisch sein.
Denn du… du bist eben so, wie du bist.

Dein Schmerz

Der Gerechtigkeit wegen ist zu sagen,
bei mir war der Zug dann auch abgefahren,
alle Verletzungen, die du mir gegeben,
hab ich dir zurückbezahlt, nicht bewusst,
nicht Zahn um Zahn, sondern „by the way"
ich war verwundet, vertraute dir nicht mehr.

Das tut mir heut aus tiefstem Herze leid,
du hattest auch sehr um uns gekämpft.
Ich habe es damals nur nicht erkannt!
Wie verzweifelt auch DU warst, ich sah nur meins...
Jedenfalls: nichts konnte unsere Talfahrt bremsen,
es ist Karma... wir müssen es so akzeptieren.

Leidenschaft

ist Leidenschaft in unsren Leben,
schafft sie es, dass wir dauernd leiden,
glauben, das sei eine coole Art zu lieben,

leidenschaftlich verletzten wir uns,
versöhnten uns dann wieder...
Es war noch toller, noch emotionaler...

Manchmal kam das Gefühl auf:
Warum tun wir das nur wieder?
Weil wir uns nur noch SO spüren?

Damit wir überhaupt noch empfinden,
Unsere Pein, wenigstens im Schmerz!
Darum muss man Gift-Pfeile abschiessen?

Ich liebte das Traurig sein,
das Schwelgen im Selbstmittleid,
Das Bangen wenn mal wieder...

...Schluss gemacht wurde,
es war ja nur eine Frage der Zeit,
für die baldige Wiederversöhnung!

Es sind Spielchen, es geht um Macht.
Damals bedingungslos Liebe versprochen,
tun wir uns heute total vernichten.

Bis wir aufwachen ab all dem Toben,
zu viel haben wir uns treiben lassen,
bleibt nur, in Würde uns zu verlassen.

Ying und Yang

Das Leben ?
Die Liebe?
War es das jetzt?
Mit 60?
„Das Gesetz
der Anziehungskraft"
das „Geheimnis"
alles nur Quatsch?
Schicksalsgesetze?
Warum schoss
ich sonst Eigentore
Wofür zahlte ich?
Ich habe doch immer
Darauf geachtet,
dass das
Konto stimmt!
Immer danach gelebt:
Niemand ist schuld!
Woher kommt dann
meine Wut?
Ich will nicht
diejenige sein, die
im Schatten
lebt in der
Polarisierungs-
Geschichte.
Dabei weiss ich:
Es gibt Ying und Yang
Ich schwebe
Nicht nur auf
Ebenen,
wie bei Photoshop!

Das heisst, ich kann
vieles selber
wieder Löschen,
oder ausblenden
fürs gesamte Bild,
so hab ich es
bis jetzt gemacht,
so wie wir es lieben
so wie es mir gefällt.
Ich begreiffe
die Schatten.
Ich bin nicht feige.
Ich nehme Stellung,
ich ecke an:
Ist es das?
Zog ich so
die Schatten an?
Ich habe keine
Angst vor Ihnen,
aber Respekt...
Jetzt werde ich
disziplinierter sein,
rette noch
was es zu retten gibt.
Nicht nur so
in den Tag leben
sondern
mich bewegen,
mich nicht mehr
aufregen, denn
meine Wut
ist auf mich selber,

wenn ich
nicht genug
Disziplin habe
zu akzeptieren,
dass für Alles eine
Rechnung kommt,
denn alles
Verdrängte treibt.
Schicksalsgesetze...
Das Leben ist
nichts anderes,
als Licht und Schatten
Ebbe und Flut
„sowohl als auch"
auch „entweder oder".
Je nach Wunsch...
Und eben:
Ying und Yang

Gelassenheit

Ist der Tod das Ende?
Oder nur ein Abschnitt
Für eine weitere Etappe?
Hab ich nochmals Zeit
Mich zu verbessern?
Für die Herrlichkeit
Für das Leben im Licht?
Hab ich viel verpasst
Von den Möglichkeiten?
Den Tausend Chancen
Die mir geboten wurden?
Bereut man wirklich das,
was man unterlassen?
Will ich mich aus reinem
Egoismus nur verbessern?
Aus Angst davor, dass mich
die grauen Schatten holen?
Herrlichkeit will ich nicht!
Wenn, schon Weiblichkeit
Intuition und Empathie!
Hab ja alles, was es braucht!
Energie und Lebensfreud!
Danke, dass es das alles gibt!
Danke dass es Euch gibt,
ihr! Meine paar Liebsten,
seit meine Lebensexiliere.
Wünsche euch das Allerbeste,
tun wir alle genug, auch für uns selber?
Eine Erkenntnis ist, dass zum Licht
auch Schatten gehören.
Ich wünsch uns die Weisheit,
Gelassen damit umzugehen.

Liebe ist:

- Beim 1. Treffen: Dass wir das Gefühl haben uns seit 50 Jahren zu kennen.

- Mit dir nachts um 4 eine riesige Portion Spaghetti zu kochen und zu essen, trotz unseren Bäuchen.

- Wenn du durch dein Handeln zeigst, dass du an meinen Wehwechen, meiner Trauer, meiner Freude meinen Schulden, meinem Wohlstand, meiner Familie etc. auch ein wenig Anteil nimmst.

- Wenn du mein grösster Fan bist.

- Wenn du mich begehrst und dir auch noch mit 90 was einfallen lässt, wie du mich „rummkriegen" kannst.

  Wenn du mich für die interessanteste, attraktivste, klügste, liebenswerteste, lustigste Frau hältst.

- Wenn du mit mir Geduld hast, wenn ich mal schlecht gelaunt, oder hysterisch bin, und wenn du weisst, wie du mich aufheitern und herunterholen kannst.

- Wenn du dich darum kümmerst, dass meine Geburtstage oder die Beerdigung entsprechend zelebriert oder gefeiert werden.

- Wenn wir viel gemeinsam lachen und über alles gut reden können.

- Dass ich das alles auch bereit bin, für dich zu tun und dir zu geben…

Verschleierung

Früher... vor dem 9/11
da war der Tanz der Schleier
mein Lieblings Tanz

wir Okzitentalinnen
 romantisierten im Tanz das
 Mysterium der orientalischen Frau

heute ist es ein
politisches, äh... sorry!
religiöses Statement

tanzen tut man
besser
nicht mehr damit.

P.S:
Alle Fotos sind von Ahava Ceren,
Orte, Personen und Geschichten sind frei erfunden.
Ähnlichkeiten mit eventuellen Vorkommnissen,
sind reiner Zufall...

Hier findest du Platz DEINE spontanen Gedanken

reinzuschreiben, viel Freude dabei!

Herzlich Ahava

Zeitfracht Medien GmbH
Ferdinand-Jühlke-Straße 7
99095 Erfurt, Deutschland
produktsicherheit@kolibri360.de